BEI GRIN MACHT SICH IHR WISSEN BEZAHLT

- Wir veröffentlichen Ihre Hausarbeit, Bachelor- und Masterarbeit

- Ihr eigenes eBook und Buch - weltweit in allen wichtigen Shops

- Verdienen Sie an jedem Verkauf

Jetzt bei www.GRIN.com hochladen und kostenlos publizieren

Bibliografische Information der Deutschen Nationalbibliothek:

Die Deutsche Bibliothek verzeichnet diese Publikation in der Deutschen Nationalbibliografie; detaillierte bibliografische Daten sind im Internet über http://dnb.d-nb.de/ abrufbar.

Dieses Werk sowie alle darin enthaltenen einzelnen Beiträge und Abbildungen sind urheberrechtlich geschützt. Jede Verwertung, die nicht ausdrücklich vom Urheberrechtsschutz zugelassen ist, bedarf der vorherigen Zustimmung des Verlages. Das gilt insbesondere für Vervielfältigungen, Bearbeitungen, Übersetzungen, Mikroverfilmungen, Auswertungen durch Datenbanken und für die Einspeicherung und Verarbeitung in elektronische Systeme. Alle Rechte, auch die des auszugsweisen Nachdrucks, der fotomechanischen Wiedergabe (einschließlich Mikrokopie) sowie der Auswertung durch Datenbanken oder ähnliche Einrichtungen, vorbehalten.

Impressum:

Copyright © 2017 GRIN Verlag
Druck und Bindung: Books on Demand GmbH, Norderstedt Germany
ISBN: 9783668672567

Dieses Buch bei GRIN:

https://www.grin.com/document/418202

Saskia Mewes

Gerechte Schulgemeinschaft. Lernen durch Gestaltung des Schullebens

GRIN Verlag

GRIN - Your knowledge has value

Der GRIN Verlag publiziert seit 1998 wissenschaftliche Arbeiten von Studenten, Hochschullehrern und anderen Akademikern als eBook und gedrucktes Buch. Die Verlagswebsite www.grin.com ist die ideale Plattform zur Veröffentlichung von Hausarbeiten, Abschlussarbeiten, wissenschaftlichen Aufsätzen, Dissertationen und Fachbüchern.

Besuchen Sie uns im Internet:

http://www.grin.com/

http://www.facebook.com/grincom

http://www.twitter.com/grin_com

Inhaltsvereichnis

Die gerechte Schulgemeinschaft: Lernen durch Gestaltung des Schullebens 2

    Problemstellung: 2

    Konzept: 2

    Skizze dieses Models: 2

    Idee des Konzeptes: 3

Prinzipien der Gestaltung der Gerechten Schulgemeinschaft Fallbeispiel: Ein Schüler zerkratzt Tische 4

    Entwicklung als Ziel der Erziehung: 4

    „Abfälle des Lebens" als Eigenerfahrungen: 4

    Demokratisierung als soziales Prinzip und als Lernangebot: 4

    Rollenübernahme praktizieren: 4

    Geteilte Normen entwickeln: 4

    Eine Welt möglicher sozialer Selbstwirksamkeit schaffen: 4

Nun bleiben noch zwei Prinzipien übrig, die etwas schwerer im Fallbeispiel einzuarbeiten sind! 5

    Das Verhältnis von Urteil und Handeln verbessern: 5

    "Zumutung" praktizieren: 5

    Nochmal zusammengefasst! 5

    Die Struktur der Gerechten Schulgemeinschaft: 6

    Die Begleitung des Lehrerkollegiums: 7

Endergebnis: 8

Die gerechte Schulgemeinschaft: Lernen durch Gestaltung des Schullebens

Welche Rolle spielt die Schule bei der Erziehung der Kinder und Jugendlichen zum sozial engagierten und moralisch verantwortlichen Menschen?

Problemstellung:
- Erwartung an die Schule: neben den intellektuellen Fähigkeiten auch einen moralischen, sozial engagierten, empathiefähigen und diskursgewohnten jungen Menschen heran zu erziehen + Identifikation der Schüler und Lehrpersonen mit der Schule
- Erwartet von Eltern, Politikern und Wissenschaftler

Konzept:
- Konzept der „Gerechten Schulgemeinschaft"
- Praktische Umsetzung der Theorie Kohlbergs in den 60er Jahren
- Basiert auf Piagets konstruktivistisch-strukturgenetischen Ansatz, nachdem sich die Moral durch die Interaktion mit anderen entwickelt
- In Nordrhein-Westfalen in den Jahren 1985 – 1989 an drei Schulen: Hauptschule, Realschule und Gymnasium im Rahmen des von der Landesregierung geförderten Programms: „Demokratie und Erziehung in der Schule
-

Skizze dieses Models:
- Kernpunkt dieses Modells: Gemeinschaftsversammlungen (alle 2-3 Wochen)
- Bestehend aus Lehrer und SuS-> in der Sitzung wird die Versammlung von zwei SuS und zwei Lehrkräfte geleitet
- Versammlung in der Aula, wo alle SuS und Lehrkräfte dran teilnehmen müssen
- **Beispiel**: Johann-Gutenberg-Schule in Langfeld
- Thema: Diebstahl in der Schule
- Die Vertreter eröffnen die Versammlung und leiten das Thema ein
- SuS haben die Möglichkeit ihre eigenen Erfahrungen mit Diebstahl in der Schule zu machen

- **Vorschlag**: einen gemeinsamen Fonds einrichten, eine Kasse, in der jeder etwas Geld einzahlen muss, um den Bestohlenen zu helfen
- Dies führt zu einer heftigen Diskussion:
- **auf der einen Seite**: Gemeinschaftsidee, jeder hilft jedem
- **und auf der anderen Seite:** auf die Weise würde man den Diebstahl unterstützen, weil jeder kommen könnte und sagen könnte ihm wäre etwas gestohlen worden= Missbrauch und es darf keinen Zwang geben Geld zu zahlen
- **Abstimmung**: Fonds wird angenommen
- Doch die Aufregung der SuS legt sich nicht, sie werden sich aber bewusst, dass das was gerade passiert war eine demokratische Abstimmung war
- Wenn sie sich gegen diese Entscheidung wehren wollen, müssen ein Referendum stellen, eine Initiative starten oder Unterschriften sammeln
- In der nächsten Versammlung tun sie genau das-> sie stellen einen Antrag auf erneute Befassung mit dem Thema-> Antrag wird angenommen
- Wieder stellen die beiden Seiten ihre Argumente vor-> Diskussion
- **Endergebnis**: Man sollte zwar für die Opfer von Diebstählen sammeln, aber nicht in einem Fonds, sondern von Einzelfall zu Einzelfall entscheiden, ob der Betroffene tatsächlich Hilfe braucht-> so würde man gegen den Missbrauch vorgehen
- Antrag erhält Zustimmung

Idee des Konzeptes:
- Versammlungen machen die Schule lebendig
- Das Denken der Einzelnen wird sichtbar
- Meinungsbilder und Meinungsgruppen bilden sich heraus
- Es werden gemeinsame Handlungspläne geschaffen
- Förderung der Herausbildung gemeinsam geteilter Normen
- Durch die Beteiligung, die Mitbestimmung und die Übernahme von Verantwortung wird die Schule zu einem Lebensraum
- Dieser Lebensraum wird zum Kernbereich demokratischen Verhaltens, prosoziales Handelns, moralischen Urteils

Prinzipien der Gestaltung der Gerechten Schulgemeinschaft Fallbeispiel: Ein Schüler zerkratzt Tische

Entwicklung als Ziel der Erziehung:
Fallbeispiel: Die SuS werden mit dem realen Problem des Tischezerkratzen konfrontiert.

„Abfälle des Lebens" als Eigenerfahrungen:
Fallbeispiel: Das Thema Tische zerkratzen (Beschädigung gemeinsamen Eigentums) wird Thema der nächsten Gemeinschaftsversammlung

Demokratisierung als soziales Prinzip und als Lernangebot:
Fallbeispiel: Die SuS dürfen nicht nur mitentscheiden, welche Themen in der GV relevant sind, sondern dürfen bzw. sollen an der Diskussion teilnehmen und sollen am Ende mitbestimmen

Rollenübernahme praktizieren:
Fallbeispiel: In der GV während der Diskussion können die SuS ihre eigenen Erfahrungen schildern. Eine Schülerin meldet sich und sagt, dass sie mit ihrem Stift durch die Kratzer auf den Tischen ein Loch in ihr Papier gemacht hat. Der Schüler, der diesen Tisch zerkratzt hat, lernt nun die Ansicht (hier die Verärgerung) zu verstehen, kann die nachvollziehen und akzeptiert sie. Er versetzt sich in ihre Lage und erkennt, dass er selber nicht gerne auf einem zerkratzen Tisch schreiben möchte

Geteilte Normen entwickeln:
Fallbeispiel: alle SuS beschließen nun beispielsweise: jede Klasse legt ein wenig Geld, welches sie zum Beispiel beim Kuchenverkauf einnehmen zurück zulegen, um eines Tages einen neuen Tisch kaufen zu können. Der Schüler, der die Tische zerkratzt ist bei der Entwicklung der Normen dabei und kann mitbestimmen. Die Tatsache ermöglicht den SuS ihre Regeln und Normen zu akzeptieren, als jene Regeln, die von den Lehrkräften oder der Schulordnung vorgeschrieben werden

Eine Welt möglicher sozialer Selbstwirksamkeit schaffen:
Fallbeispiel: jeder SuS hat nun da Gefühl, dass er etwas verändenr konnte, an etwas mitwirken konnte und das seine Stimme durchaus Gewicht hat

Nun bleiben noch zwei Prinzipien übrig, die etwas schwerer im Fallbeispiel einzuarbeiten sind!

Das Verhältnis von Urteil und Handeln verbessern:
Fallbeispiel: Die SuS müssen ein gewissen Gleichgewicht zwischen urteilen und die Bereitschaft das gefallene Urteil auch in ein Handeln umzusetzen besitzen. Durch die in der GV beschlossenen Regeln und Normen lernen sie ihr Urteil in ein Handeln umzusetzen

"Zumutung" praktizieren:
Fallbeispiel: Eine Gruppe von SuS, die mit dem Problem des Tischezerkratzen direkt in Berühunrung kamen, schließen sich zusammen und wollen in der GV einen Antrag stellen, um dieses Thema aufzugreifen. Wie der Name des Prinzips schon sagt, wird diesen SuS etwas zugemutet, was sie von ihren bisherigen Kompetenzen und Fähigkeiten noch gar nicht können-> damit lernen die SuS demokratische und soziomoralische Fähigkeiten und Handlungsberietschaften

Nochmal zusammengefasst!
- Soziales Verstehen und eine demokratische Einstellung werden in der Schulgemeinschaft geübt, gelebt und damit auch gelernt
- Die Schülerinnen und Schüler entscheiden in allen Bereichen des Schullebens mit und übernehmen damit Verantwortung
- Auch Fragen des Umganges miteinander werden gemeinsam besprochen. Die Regeln dafür werden von allen Betroffenen entwickelt und getragen
- Wichtige Ziele: Fairness, gegenseitige Rücksichtnahme und Übernahme von Verantwortung
- Die Schülerinnen und Schüler erfahren, dass sie durch aktives Mittun etwas bewirken und verändern können und das ihre Meinung durchaus Gewicht hat

Die Struktur der Gerechten Schulgemeinschaft:

1. Gemeinschaftsversammlung:

- Wie schon erwähnt: alle 2-3 Wochen-> wobei das jeder Schule selber obliegt, wie oft-> HAUPTSACHE: kontinuierlich, damit die Existenz und die Bedeutung dieser Versammlung den SuS immer präsent bleibt
- Wichtig: die Versammlung darf nicht zu einer Mehrbelastung für die SuS werden > auch wenn es eine Pflichtveranstaltung ist-> Versammlung findet daher während des Schultages statt und nicht davor, danach oder in den Ferien

2. Die Vorbereitungsgruppe:

- Gruppe besteht als gewählten Vertretern aller Klassen (1-2 SuS, die die Klasse repräsentieren) + 2 Lehrkräfte, die das Lehrerkollegium vertreten
- Dies basiert auf einem rotierenden System
- Aufgaben: Auswählen des Themas der nächsten Versammlung, Vorbereitung der Tagesordnung, Gestaltung des Ablaufes, Leitung der Versammlung

3. Der Vermittlungsausschuss:

- Ausführende und beratende Organ
- Mitglieder sind ebenfalls gewählt, aber für längeren Zeitraum
- Aufgaben: Achtet darauf, dass Beschlüsse auch ausgeführt werden, berät Schüler, wenn die einen Beschluss überschreiten und vermitteln in Streitsituationen (einzelner Parteien oder Gruppen)
- Auch der Schulleiter ist ein Mitglied dieser Gruppe
- Der Ausschuss kann SuS, die einen Beschluss übertreten haben, vorladen (zur Rechtfertigung) und sogar Strafen aussprechen

4. Fächerspezifische Dilemma-Diskussion:

- Jede Klasse sollte möglichst einmal pro Woche an einer Dilemma-Diskussion teilnehmen
- Dort werden moralische Probleme besprochen und zu moralischen Fragen Antworten gesucht

- Wann kommt ein Dilemma zustande? Wenn sich in einer Entscheidungssituation mindestens zwei Werte, die man nicht verletzten möchte, gegenüberstehen (Beispiel: wenn du entscheiden musst, ob du deinen Freund verpetzt, weil er etwas kaputt gemacht hat-> Dilemma zwischen freundschaftlicher Loyalität und der Wahrheit also Gesetztestreue)
- Das bedeutet, dass bei der Entscheidung ein Wert verletzt wird
- Wo liegt da der erzieherische Wert: SuS lernen zu argumentieren, lernen die moralischen Seiten der Fächer kennen und erhalten so Anregungen für die Entwicklung zu einer höheren Stufe des moralischen Urteils

Die Begleitung des Lehrerkollegiums:
- Als Voraussetzung gilt hier zunächst, dass das Lehrerkollegium dieses Modell, kennt, versteht und mitträgt
- Um ihnen das zu erleichtern gibt es eine Zusammenarbeit mit dem Projektleiter
- Daher gibt es alle zwei-drei Wochen Weiterbildungen für Lehrer mit zwei Schwerpunkten: 1. Aufarbeitung von Problemen, die während einer Gemeinschaftsversammlung auftraten (Analyse des Verlaufs, Rekonstruktion des Denkens der SuS, Analyse der Lehrerverhaltens) oder die Aufarbeitung von Problemen innerhalb der Klasse, 2. Die Erarbeitung neuer theoretischer Anhaltspunkte für das Modell
- Diese Weiterbildung wird von externen Fachleuten betreut, ist eine Pflichtveranstaltung und hat die Intention, dass Lehrer den theoretischen Hintergrund eines jeden Schrittes kennen, Misserfolge verstehen, Erschütterungen ertragen, Krisen meistern und aus alldem lernen
- Hier wird eins deutlich. Nämlich, dass dieses Modell ein Prozess ist, der dich nur für die SuS bestimmt ist

Endergebnis:

- Die moralische Atmosphäre entwickelte sich in eine positive Richtung: Zunahme gegenseitiger Hilfsbereitschaft, die Übereinstimmung hinsichtlich der gemeinsam beschlossenen Regeln wuchs, moralische Urteilsfähigkeit ist gestiegen, stärkere Identifizierung mit der Schule, Lehrer sprachen von einem intensiveren und stärkeren Zusammenhalt innerhalb des Kollegiums

BEI GRIN MACHT SICH IHR WISSEN BEZAHLT

- Wir veröffentlichen Ihre Hausarbeit, Bachelor- und Masterarbeit

- Ihr eigenes eBook und Buch - weltweit in allen wichtigen Shops

- Verdienen Sie an jedem Verkauf

Jetzt bei www.GRIN.com hochladen und kostenlos publizieren